AMV

Gaumenfreuden

W. A. Imhof

aus Bach und See

Die besten Rezepte der Fischküche

3. Auflage

Albert Müller Verlag AG
Rüschlikon-Zürich · Stuttgart · Wien

Herausgeber: Agrosuisse, Zürich
Fotos: Hansjörg Volkart
Styling: Ignaz Birkhofer
Gestaltung: Rolf Kleinschnittger

ISBN 3-275-00805-6. – 23/28-87. – Printed in Switzerland.

Inhaltsverzeichnis

Vorwort des Herausgebers

Warum ein Fischkochbuch, das sich im Untertitel als «schweizerisch» bezeichnet? Ein vor mehr als zehn Jahren in großer und wiederholter Auflage herausgegebenes farbig illustriertes Broschürchen von etwas über zwanzig Seiten Umfang hat uns zur Herausgabe eines neuen und viel reichhaltigeren Fischkochbuches ermuntert. Jener Vorläufer ist längst vergriffen, und es wird immer wieder nach ihm gefragt. In der Zwischenzeit wurde in vielen Fischküchen experimentiert, in Wettbewerben gaben große Kenner der Fischküche neue Geheimnisse preis.

Wenn nun dieses in langjähriger Arbeit entstandene Kochbuch sich als «schweizerisch» bezeichnet, so hat das seinen guten Grund. Oder besser gesagt seine zwei Gründe: die Rezepte beziehen sich samt und sonders auf Süßwasserfische, also auf Fische aus unseren Gewässern. Ein solches Buch fehlt zur Zeit.

Schweizerisch ist aber auch die kulinarische Konzeption. Die Rezepte und Zutaten unterscheiden sich zum Teil recht wesentlich von denjenigen der französischen, italienischen oder nordländischen Küche.

Die einleitenden Texte, die kulinarischen Grundbegriffe und die Rezepte sind auf jene immer größer werdende Zahl von Feinschmeckerinnen und Hobbyköchen zugeschnitten, die den Wert des Süßwasserfisches entdeckt haben und mehr wissen wollen.

Für seine tatkräftige Hilfe sind wir dem Bundesamt für Umweltschutz großen Dank schuldig.

Zürich, Herbst 1982

Agrosuisse
Peter Huber

Fische als

Nahrungsmittel

Viel Eiweiß, Mineralstoffe und Vitamine – wenig Fett

Fische gehören nachweisbar zu den ältesten Nahrungsmitteln der Menschheit.
Schon die als Feinschmecker bekannten Römer unterhielten Fischzuchtanlagen. Bei uns hat der Fisch leider heute noch nicht den guten Ruf, den er eigentlich verdient. Vorurteile verhindern die Verbreitung dieses bekömmlichen und schmackhaften Nahrungsmittels. Weitverbreitet ist auch die fast panische Angst vor den Gräten. Heute verfügen wir jedoch über ein sehr großes Angebot von Fischfilets, so daß dieses Argument weitgehend dahinfällt. Ein alter Zopf ist auch die weitverbreitete Meinung, Fische dürften nur am Freitag konsumiert werden.
Dank den modernen Transport- und Lagermöglichkeiten können heute auch Gebiete, die nicht direkt an Gewässern liegen, mit herrlich frischen Fischen versorgt werden.
Unklarheit besteht heute zum Teil noch über den Wert, d.h. den Nährwert, der Fische. Weil er sehr leicht verdaulich ist, wird dem Fisch oft nachgesagt, er sei nicht sättigend und deshalb als Hauptgericht nicht geeignet.
In der Tabelle wird der Nährstoffgehalt von 100 Gramm Fisch demjenigen von 100 Gramm Fleisch vom Rind gegenübergestellt.

Forelle, Hecht, Felchen											
Hauptbestandteile			Mineralstoffe					Vitamine			
Eiweiß g	Fett g	Kohlenhydrate g	Natrium mg	Kalium mg	Calcium mg	Phosphor mg	Eisen mg	A *	B1 *	B2 *	Niacin mg
19,5	2,7	+	40	465	18	242	1,0	45	84	76	3,4
Rindfleisch (Schulter)											
20,8	6,2	+	70	365	12	208	3,2	6	90	190	5,1

* 1 Millionstel g

Es ist wissenschaftlich erwiesen, daß der Eiweißgehalt praktisch gleich, der Fettgehalt beim Fisch aber bedeutend kleiner ist als beim Rindfleisch.
Fisch gehört zu den biologisch wertvollsten Nahrungsmitteln, da er eine Anzahl wichtige Mineralstoffe und Vitamine in bedeutenden Mengen enthält. Ernährungswissenschaftler empfehlen Fisch als wertvollstes Nahrungsmittel, das seinen festen Platz in der neuzeitlichen Ernährung schon längst erobert haben sollte.

Erklärung der Fachausdrücke

Ablöschen: (deglacieren)
Bratensatz mit Wein, Fond, Wasser oder Rahm auflösen
Abschmecken: würzen
Arroser: begießen
Bain-marie: Wasserbad
Beurrer: mit Butter ausstreichen (z. B. Gratinform)
Bouquet garni: Kräuterbündel
(Lauch, Sellerie, Karotten, Zwiebeln, Nelken, Petersilie, Thymian und Lorbeer)
Blanchieren: abbrühen
(kalt aufsetzen, zum Siedepunkt bringen und sofort wieder abkühlen)
Court-bouillon: Fischsud aus Wasser, Weißwein, Essig, Salz, Gemüsen und Kräutern
Croutons: geröstetes Weißbrot, in Scheiben oder Würfeln
Duxelles: feingehackte Füllung
(Pilze, Schinken, Schalotten)
Emincer: in feine Scheiben schneiden, schnetzeln
Farce: Füllung
Fleurons: gebackene Blätterteighalbmonde
Fond: Grundbrühe aus Knochen oder Fischabfällen
Fumet: kräftiger, eingekochter Fond
Glacieren: Fische mit Sauce kurz überbacken (Oberhitze)
Gratinieren: goldbraun überbacken (mit Sauce oder Käse)
Goujons: ca. 1–2 cm breite Streifen
Julienne: in feine Streifen geschnitten
Jus: Saft (Braten- oder Fruchtsaft)
Liaison: Sauce oder Suppe binden, mit Eigelb oder Rahm
Marinieren: würzen, einlegen in gewürzte, gesäuerte Flüssigkeit
Montieren: mit Butter und Rahm aufschlagen
Mirepoix: Röstgemüse
(Zwiebeln, Karotten, Knoblauch, Sellerie)
Nappieren: mit Sauce oder Sülze überziehen

Pochieren: ziehen lassen (darf nicht kochen)
Quenelles: Klößchen
Reduzieren: einkochen
Roux: Mehlschwitze
Sauce vin blanc: Weißweinsauce
Sautieren: bei mittlerer Hitze braten
Schalotten: speziell feine Zwiebelart
Tranchen: Scheiben
Zest: Die Schale von Orangen oder Zitronen, fein gerieben
Ziselieren: Kleine Einschnitte machen (beim ganzen Fisch)

Abkürzungen

EL	*Eßlöffel*
TL	*Teelöffel*
g	*Gramm*
dl	*Deziliter, Zehntelsliter*
l	*Liter*

Wenn keine anderern Angaben dabei stehen, sind alle Rezepte für 4 Personen bestimmt

Die verschiedenen

Zubereitungsarten

1. Das Kochen
2. Das Blaukochen
3. Das Dämpfen
4. Das Braten
5. Das Schmoren
6. Das Backen
   a) nature
   b) im Ei
   c) im Backteig
   d) paniert
7. Das Grillieren

Neben diesen Grundzubereitungsarten gibt es noch einige Variationen:

8. Das Gratinieren
9. Das Glacieren
10. Das Dämpfen in Pergament oder Alufolie.
11. Fischsuppen

1. Das Kochen

a) im Salzwasser

Auf 1 Liter Wasser 10–12 g Salz. Nach Belieben etwas Zitronensaft.
Bei diesem Sud bleibt das Aroma am besten erhalten.

b) in der Court-bouillon

Zutaten für den Sud:

2½ l	*Wasser*
2½ dl	*Weißwein*
2½ dl	*Essig*
30 g	*Salz*
1	*Lauch, fein geschnitten*
2	*Karotten, fein geschnitten*
2	*Zwiebeln, fein geschnitten*
	Petersilienstengel
	Lorbeer, Thymian, Pfeffer

Sämtliche Zutaten ca. 30 Minuten leicht kochen lassen und passieren.

PS:
Große Fische in kaltem Sud aufsetzen. Siedezeit pro Kilo 12–15 Minuten. Kleine Fische und Fischscheiben in kochendem Sud aufsetzen. Vom Feuer ziehen und zugedeckt noch einige Minuten ziehen lassen. Diese Zubereitungsart eignet sich für Aal, Aesche, Seeforelle, Hecht und Schleie.

Beigaben:
Dillsauce, Kapernsauce, Hollandaise, Mousseline etc.

2. Das Blaukochen

Zutaten für den Sud:

2½ l	*Wasser*
2½ dl	*Essig*
2½ dl	*Weißwein*
2	*Zwiebeln*
1	*Lauch*
30 g	*Salz*

Alle Zutaten aufkochen. Nur lebendfrische Fische verwenden. Nicht schuppen. Fische in den heißen, aber nicht kochenden Sud geben.
Je nach Größe 4–6 Minuten zugedeckt ziehen lassen. Fische für kalte Gerichte ca. 1 Stunde vor dem Kochen töten, damit die Haut nicht reißt.
Diese Zubereitungsart eignet sich für Forellen, Rötel, junge Hechte, Schleien und Felchen.

Beigaben:
Buttersaucen, zerlassene braune Butter

3. Das Dämpfen

Zutaten:
Butter
Schalotten
Salz, Pfeffer
Zitronensaft
Weißwein
Fond (s. S. 116)

Ein Sautoir oder eine Gratinplatte mit Butter ausstreichen und die gehackten Schalotten darüberstreuen. Die gewürzten Fischfilets oder -scheiben darauflegen. Weißwein und Fischfond beigeben. Mit Butterpapier oder Alufolie zudekken. Ca. 5–10 Minuten im Ofen dämpfen.
Für die Sauce den Fischfond mit Mehlbutter oder Eigelb und Rahm binden oder mit Butter aufmontieren.

Garnituren:
Pilze, Krebse, Fleurons.

Für diese Zubereitungsart eignen sich Aeschen, Egli, Felchen, Forellen, Hechte, Rötel, Schwalen und Trüschen.

PS:
Aeschen, Felchen, Rötel etc. können auch in der Bratpfanne gedämpft werden. In diesem Fall werden die gewürzten Fische in der Butter beidseitig angebraten, mit Weißwein abgelöscht und nicht ganz zugedeckt 5–8 Minuten gedämpft.

4. Das Braten

a) meunière

Zutaten:
Salz, Pfeffer, Zitronensaft, Milch
Butter/Öl
Mehl

Ganze Fische beidseitig 3–4 mal einschneiden. Fische, Filets oder Tranchen mit Salz, Pfeffer, Zitronensaft und Milch marinieren. Gut abtropfen lassen.
Im Mehl wenden und in Butter oder Öl goldbraun braten.

b) Im Ei gebraten

Die marinierten Fische mehlen.
Eier mit Salz und etwas Öl verklopfen. Die Fische durch die Eimasse ziehen und in Butter oder Öl braten.

c) Paniert gebraten

Die marinierten Fische panieren, d. h. mehlen, in zerklopftem Ei und Paniermehl wenden.
In Öl oder Butter braten.

Für diese Zubereitung eignen sich Aeschen, Felchen, Kleinfelchen, Egli, Forellen, Hechte, Rötel, Schwalen und Trüschen.

Beilagen:
Mayonnaise und deren Ableitungen, nach Geschmack auch eine leichte Tomatensauce.

5. Das Schmoren

Zutaten:
Zwiebeln, Karotten und Lauch, in Scheiben geschnitten und in Butter angedämpft.
Weiß- oder Rotwein
Fischfond (s. S. 116)
Butter
Salz, Pfeffer

Das gedämpfte Gemüse auf dem Boden des Fischkessels verteilen. Den Fisch oder die Tranchen würzen und auf den Einsatz des Fischkessels legen, einsetzen.
Wein und Fischfond dazugeben, so daß der Fisch halb bedeckt ist. Zugedeckt knapp weichdünsten.

Diese Zubereitung eignet sich für Karpfen, Salm, Hechte und Seeforelle.

Beigabe:
Aus dem Fond wird eine passende Sauce hergestellt, allenfalls unter Hinzugabe von weißer Grundsauce (s. S. 117).

6. Das Backen

a)	*nature*	*gleiche Zutaten*
b)	*im Ei*	*und Vorbereitung*
c)	*paniert*	*wie beim Braten (s. S. 21)*
d)	*im Backteig*	

Marinieren, in Backteig tauchen und backen.

Backteig:

Zutaten:

125 g	*Mehl*
2 EL	*Öl*
2 dl	*lauwarmes Wasser oder Bier*
2	*Eiweiß*
	Salz

In einer Schüssel Mehl, Salz, Öl und Wasser leicht mischen. 1–2 Stunden ruhen lassen.
Kurz vor Gebrauch das steifgeschlagene Eiweiß darunterziehen. Fische nach dem Marinieren gut abtrocknen, damit sich beim Backen außen sofort eine Kruste bildet (Marinaden s. S. 114 ff).
Bei größeren Quantitäten empfiehlt es sich, die Fische bei 130–140 Grad in der Friture vorzubacken. Kurz vor dem Servieren bei 170–180 Grad ausbacken. Nicht zu viel Fische auf einmal backen. Die Fische müssen in der Friture schwimmen.

Beigaben:
Mayonnaise und deren Ableitungen, leichte Tomatensauce.

7. Das Grillieren

Zutaten:
Salz, Pfeffer,
Mehl, Öl/Butter
Zitronensaft

Fische oder Fischtranchen würzen und leicht mehlen. Mit Öl oder flüssiger Butter bestreichen und auf dem gut vorgewärmten Grill beidseitig grillieren.
Ganze Fische auf beiden Seiten 3–4 mal einschneiden. Der Fisch muß möglichst trocken sein, sonst klebt er am Grill.

Zum Grillieren eignen sich Aeschen, Felchen, Egli, Forellen, Hechte und Rötel.

Beigaben:
Buttermischungen, wie Kräuterbutter, Sardellenbutter, Estragonbutter etc. (s. S. 123 ff).

8. Das Gratinieren

Dazu verwendet man gekochte, gedämpfte oder kurz gebratene Fische (ohne Haut und Gräten).
Die Fische werden in eine ausgebutterte Gratinpfanne gelegt.
Darüber gibt man entweder eine dicke Sauce Mornay (Béchamel mit geriebenem Käse, Butter und Cayenne), eine Weißweinsauce oder einfach nur geriebenen Käse und Butter.
Im gut vorgeheizten Ofen oder Salamander gratinieren.

Geeignet für Felchen, Seeforellen, Hechte und Schleien.

9. Das Glacieren

Ganz knapp gedämpfte Fischfilets werden in einer ausgebutterten Platte angerichtet und mit einer Weißweinsauce, die zu einem Drittel mit einer Sauce Hollandaise vermischt wurde, überzogen.
Im Backofen mit Oberhitze glacieren, d.h. kurz Farbe annehmen lassen, und sofort servieren.

Dazu eignen sich praktisch alle Süßwasserfische.

10. Das Dämpfen in Pergament oder Alufolie (en papillote)

Zutaten:
Butter
Basilikum, Estragon, Thymian
Salz, Pfeffer, Zitronensaft

Portionsfische (180–250 g) 2–3 mal schräg einschneiden und würzen.
Pergamentpapier oder Alufolie mit Butter bestreichen und mit gehackten Kräutern bestreuen. Fische darin einrollen und im vorgeheizten Ofen ca. 10–12 Minuten garen.
Auch gefüllte Fische lassen sich auf diese Weise sehr gut zubereiten. Zu diesem Zwecke wird der Fisch auf der Rückseite aufgeschnitten und die Gräten ausgelöst. Hierauf wird der gewürzte Fisch mit einer Fischfarce gefüllt, in Pergamentpapier oder Alufolie eingepackt und im Ofen gegart. Diese bei uns eher seltene Zubereitung ergibt herrliche Fischgerichte. Der Fisch wird im eigenen Saft gegart, Aroma und Nährwert bleiben vollständig erhalten.

Diese Zubereitung eignet sich für Aeschen, Felchen, Forellen und Rötel.

11. Fischsuppen

Böse Zungen behaupten, aus Süßwasserfischen könne man keine anständige Fischsuppe machen. Die Praxis beweist das Gegenteil. Selbst Leute, die keine speziellen Fischliebhaber sind, schätzen eine sorgfältig zubereitete Fischsuppe. Man unterscheidet drei Kategorien von Fischsuppen:

Klare Suppen (Consommés)
Gebundene Suppen (Veloutés)
Regional-Suppen

Fischsuppe Grundrezept

Zutaten:
Brachsmen, Barben, Schwalen, Schleien, Hecht etc., je nach Angebot. Eventuell Abschnitte.
Karotten }
Lauch } *feinblättrig geschnitten*
Sellerie }
Zwiebeln
Knoblauch
Petersilie, Kerbel, Liebstöckel, Lorbeer
Weißwein
Butter
Salz, Pfeffer

Gemüse in Butter andämpfen. Mit Wasser oder Fischfond (s. S. 116) ablöschen, würzen und 20–30 Minuten leicht kochen lassen. Fische filetieren und in feine Streifen schneiden. In Butter anbraten, würzen und mit Weißwein ablöschen. Aufkochen lassen und in die Suppe geben, abschmecken. Mit gehacktem Kerbel bestreuen.

Pochieren, grillieren oder gratinieren?

Fische	*Zubereitung*						*Saison*	*Qualitätsmerkmal*
	Backen	Braten	Kochen	Pochieren	Grillieren	Gratinieren		
Aal	●		●				Juni (hauptsächl. Bodensee)	kräftiges Fleisch etwas fettig
Aesche		●		●	●		Okt.–Dez.	zart, saftig
Albeli (Kleinfelche)	●	●			●		Mai–Okt.	schmackhaftes, weißes Fleisch
Brachsmen	●		●				Juli–Okt.	kräftig, grätenreich
Egli	●	●		●	●	●	Juni–Nov.	sehr gutes, festes, weißes Fleisch
Felchen		●		●	●	●	Mai–Okt.	zartes, weiches Fleisch
Seeforelle	●	●	blau	●	●		Mai–Sept.	delikat, leichtverdaulich
Hecht	●	●	●	●	●	●	Juni–Nov.	zart, sehr wohlschmeckend
Rötel (Saibling)		●	blau	●	●		Juni–Sept.	äußerst delikat, zart
Schwalen	●	●		●			Nov.–März	kräftiges, festes Fleisch, viele Gräten!
Schleien			●	●		●	Aug.–Nov.	feines, zartes Fleisch
Trüschen		●		●			März–Nov.	gutes, zartes Fleisch; große, feine Leber

Tips für die

Fischküche

Weise würzen

Nach Möglichkeit werden die Fische 1–2 Stunden vor dem Kochen gewürzt (mariniert). Als klassische Gewürze gelten: Salz, Pfeffer, Streuwürze, Zitronensaft, Weißwein und Petersilie.
Je nach Zubereitung und persönlichem Geschmack können weitere Gewürze verwendet werden, z. B. Dill, Estragon, Basilikum, Schnittlauch, Knoblauch, Kerbel, Salbei, Curry, Paprika, Cayenne, Kapern, Nelken, Lorbeer, Fenchel, Safran, Sauerampfer, Petersilie, Zwiebeln.

Grundregel: Je feiner der Fisch, desto diskreter die Würzung. Kenner weisen überwürzte Fische zurück – wohlwissend, daß gewisse Alterserscheinungen mit starken Gewürzen überdeckt werden können.

Weißfische – Ruchfische

Weißfische gelten allgemein als Fische 2. Qualität. Der Unterschied bezieht sich aber nicht auf die Qualität des Fleisches, sondern auf die Gräten. In Sportfischerkreisen ist es indessen längst bekannt, daß sich bei fachgerechter Zubereitung auch mit Weißfischen äußerst delikate Gerichte herstellen lassen.

Folgende Regeln sind dabei zu beachten:
Weißfische immer filetieren.
Fische immer 2–4 Stunden vor der Zubereitung würzen (marinieren).
Die Gräten werden dadurch aufgeweicht und ergeben keine Probleme mehr.

Merkmale frischer Fische

Klare, frische Augen. Frischrote Kiemen. Festes Fleisch. Das tägliche Angebot an Süßwasserfischen ist immer abhängig vom Fang. Fisch kann im Gegensatz zum Fleisch nicht in beliebigen Mengen gekauft und (frisch) auch nicht gelagert werden.

Beilagen

In der Regel werden zu Fischspeisen immer Salzkartoffeln serviert. Bei Fischgerichten mit Sauce, wie z.B. Curry-, Weißwein- oder Tomatensauce, gilt auch Trockenreis als beliebte Beigabe.

Getränke

Bevorzugtes Getränk ist nach wie vor der Weißwein. Immer mehr kann man aber beobachten, daß auch trockener Rosé und leichter Rotwein dazu getrunken wird. Italiener und Franzosen genießen selbst schwere Rotweine zu ihren delikaten Fischgerichten. In der Schweiz haben wir ja eine unendliche Auswahl an gepflegten Weinen in allen Geschmacksrichtungen. Liebhaber bevorzugen oft die regionalen Weine. So z.B. am Genfersee einen Lavaux, am Zürichsee einen Räuschling und am Bodensee einen Riesling etc. Wird für das Fischgericht Wein verwendet, (z. B. Forelle im Dézaley), so empfiehlt es sich, den verwendeten Wein auch als Getränk zu servieren.

Alkoholfreie Getränke

Mineralwasser natur und Schwarztee heiß oder kalt sind neutrale Getränke, die sich mit Fischgerichten gut vertragen.

Rezepte feiner

Fischgerichte

Schwalenfilets Greifensee

800 g	*Schwalenfilets*
1	*kleiner Apfel*
100 g	*Champignons*
2	*Eigelb*
2	*Eier*
	Salz, Pfeffer, Worcestersauce
	Mehl
50 g	*Butter*
1	*Zitrone*
	Petersilie

Den geschälten und entkernten Apfel und die Champignons fein hacken. Zusammen mit den beiden Eigelb gut vermischen. Mit Salz, Pfeffer und Worcestersauce abschmecken. Die Hälfte der Filets mit dieser Masse bestreichen und jeweils ein zweites Filet darauf drücken. Die Fischpakete im Mehl wenden und durch die zwei verklopften Eier ziehen. Beidseitig goldgelb braten. Gehackte Petersilie darüberstreuen und mit Zitronensaft und der zerlassenen Butter beträufeln.

Aal nach Matrosenart

800 g	*Aal enthäutet, in ca. 4 cm dicke Stücke geschnitten*
	Salz, Pfeffer, Streuwürze
3 EL	*Mehl*
3 EL	*Fett oder Öl*
½ Glas	*Cognac oder Weinbrand*
100 g	*kleine Champignons*
1	*Karotte, in Würfel geschnitten*
12	*Saucenzwiebeln, geschält*
50 g	*Speckwürfelchen*
1 dl	*Bouillon*
1	*Zwiebel, gehackt*
2	*Knoblauchzehen, fein gehackt*
1 Stück	*Zitronenschale, fein gehackt*
1 EL	*gehackte Petersilie*
	Lorbeerblatt, Thymian
1 dl	*Rahm*

Saucenzwiebeln, Karotten, Champignons und Speck in der Hälfte des Fetts anbraten, mit Cognac ablöschen, die Bouillon dazugießen und ca. 15 Minuten auf kleinstem Feuer kochen lassen. Die gewürzten Fischstücke mehlen und in etwas Fett rundherum anbraten. Zum Gemüse geben und noch ca. 5 Minuten mitdämpfen.

Unterdessen die Sauce zubereiten. Gehackte Zwiebeln, Knoblauch, Zitronenschale und Petersilie im restlichen Fett leicht andämpfen. Mit Rotwein ablöschen und mit Lorbeerblatt, Thymian, Salz und Pfeffer würzen. Etwa 15 Minuten leicht köcheln lassen. Zuletzt den Rahm beigeben und die Sauce über den mit dem Gemüse angerichteten Fisch gießen.

Egli oder Hecht grilliert mit Colbert-Butter *(s. S. 123)*

8	*Egli (ganz) oder ca. 800 g Hecht in Scheiben*
3 EL	*Mehl*
2 TL	*Basilikum, gehackt*
2 EL	*Öl*
	Salz, Pfeffer, Streuwürze

Die ausgenommenen Fische oder Hechtscheiben trockentupfen, würzen, mehlen und mit Öl bestreichen. Beidseitig ca. 5–6 Minuten grillieren.

Hechtfilets Mexiko

600–800 g	*Hechtfilets oder -scheiben*
300 g	*Reis (Langkorn)*
1 Dose	*Maiskörner*
50 g	*Sultaninen, eingeweicht in Wasser oder Wein*
1	*roter Peperone (Paprikaschote), ohne Kerne und weiße Teile in Würfelchen geschnitten*
	Salz, Pfeffer, Worcestersauce
2 EL	*Zitronensaft*
2 EL	*Mehl*
2	*Eigelb*
30 g	*Butter*
100 g	*Senffrüchte (Mostarda), in Würfel geschnitten*
2 EL	*Herzkirschen*
50 g	*Erdnußkerne*

Peperoniwürfel und Sultaninen in etwas Butter knapp weichdämpfen und zusammen mit den Maiskörnern unter den al dente in Salzwasser gekochten Reis mischen, diesen auf einer Platte anrichten und warmstellen. Die gewürzten Hechtfilets in wenig Mehl wenden und durch das verquirlte Eigelb ziehen, beidseitig in 1 EL Butter goldbraun braten und auf dem Reis anrichten. Senffrüchte, Herzkirschen und Erdnüsse in der restlichen Butter erhitzen und über die Hechtfilets verteilen.

Alet «Marlis»

Rezept aus dem Fischkochwettbewerb, von Ueli Rohner

800 g	*Alet-Filets*
½ dl	*Weißwein*
1 dl	*Bouillon*
1	*Zwiebel*
100 g	*Champignons*
1 dl	*Doppelrahm*
1 EL	*Preiselbeeren, gekocht*
20 g	*Butter*
	Salz, Pfeffer, etwas Zitronensaft
	einige Pfefferkörner, ½ Zimtstengel, 1 Lorbeerblatt,
2	*Nelken, kleiner Tannenzweig, Wacholderbeeren*
	Worcester-Sauce

Alet in 30–40 g-Stücke schneiden. Salzen, pfeffern und mit Zitronensaft beträufeln. Den Weißwein und die Bouillon zusammen mit Pfefferkörnern, Zimtstengel, Lorbeerblatt, Nelken, Tannenzweig und Wacholderbeeren aufkochen. Die gewürzten Fischstücke ca. 8 Minuten bei kleiner Hitze darin ziehen lassen. Die Fischstücke herausheben und warmstellen. Die Flüssigkeit in ein Pfännchen sieben und auf die Hälfte einkochen lassen. Mit dem Rahm verfeinern und die Preiselbeeren darunterziehen. Mit Worcester-Sauce abschmecken. Die Fische mit der Sauce übergießen. Für die Beilage die gehackte Zwiebel in Butter glasig braten. Die blättrig geschnittenen Champignons beigeben und 5 Minuten mitdünsten.

«Alet» ist einer der Namen für «Döbel», der auch noch Aitel, Alert, Diebling, Dickkopf, Dübel usw. genannt wird.

Brachsmen an Eichhofsauce (Biersauce)

(für 6–8 Personen)

1–2	*Brachsmen (1,5 – 2 kg)*
4 l	*Wasser*
1	*Zwiebel, 1 Lorbeerblatt, Pfefferkörner*
1 Flasche	*Eichhofbier spez.*
4 EL	*Butter*
3 EL	*Zuckersirup aus Rüben (evtl. 3 TL Zucker)*
3 EL	*Essig*
2 EL	*Tomatenpüree*
1 EL	*Mehl*
	Rahm
	Petersilie
	Worcestersauce, Salz, Pfeffer und Zitronensaft

Die Brachsmen schuppen, ausnehmen, gut spülen und in Portionenstücke schneiden, mit Zitronensaft, Worcestersauce, Salz und Pfeffer würzen und etwas ziehen lassen. Das Wasser zusammen mit der grobgehackten Zwiebel, dem Lorbeerblatt, den Pfefferkörnern und dem Bier zum Kochen bringen. Die Fischstücke ca. 12 Minuten im Sud ziehen lassen, herausnehmen und warmstellen. Butter, Tomatenpüree und Sirup erhitzen, den Essig und den eingekochten passierten Fischsud dazugeben und aufkochen lassen. Das Mehl in wenig kaltem Wasser verrühren und die Sauce damit binden, abschmecken und mit wenig Rahm verfeinern.
Die Brachsmen auf eine Platte anrichten, die Biersauce darübergießen, mit gehackter Petersilie bestreuen.

Eglifilets polonaise

800 g	*Eglifilets*
	Salz, Pfeffer, Streuwürze
	Zitronensaft
1 Glas	*Weißwein*
50 g	*Butter*
3 EL	*Paniermehl*
2 EL	*Petersilie*
2	*hartgekochte Eier*

Eglifilets würzen, mit Zitronensaft beträufeln und in eine ausgebutterte Gratinplatte legen. Mit wenig Weißwein begießen und zugedeckt (Alufolie) im Ofen bei mittlerer Hitze ca. 10 Minuten dämpfen. Paniermehl, Petersilie und die gehackten Eier in der Butter leicht rösten und über die Fische geben.

Barben nach Tessiner Art

800 g	*Barbenfilets*
	Salz, Pfeffer, Streuwürze
3 EL	*Mehl*
2	*Zwiebeln in Ringe geschnitten*
2	*Knoblauchzehen, gehackt*
3 EL	*Oliven, entkernt*
1	*Gewürzgurke, in Streifen geschnitten*
2 EL	*Petersilie, gehackt*
2 EL	*Öl*
2 EL	*Butter*

Die Barbenfilets gut würzen, mehlen und in der Butter goldgelb braten. Unterdessen die gemehlten Zwiebelringe im heißen Öl rösten, Knoblauch, Oliven, Gurken und Petersilie dazugeben. Kurz mitdünsten und über die angerichteten Filets geben.

Zander nach Winzerart

600–800 g	*Zanderfilets*
	Salz, Pfeffer, Streuwürze
1 Glas	*Weißwein*
1 dl	*Bouillon*
2	*Zwiebeln, gehackt*
100 g	*Butter*
2	*Eigelb*
1 Tasse	*Traubenbeeren, geschält (evtl. Dose)*
3 EL	*Cognac*

In einer gebutterten feuerfesten Form die gehackten Zwiebeln verteilen, die gewürzten Zanderfilets darauf legen und mit Weißwein und Bouillon knapp bedecken, mit Alufolie zudecken. Im vorgeheizten Ofen bei 180 Grad ca. 10 Minuten pochieren. Fond in ein Pfännchen gießen und ungefähr zur Hälfte einkochen lassen. Das Pfännchen in ein Wasserbad stellen. Damit die Sauce nicht gerinnt, darf das Wasser im Wasserbad nicht sieden. Die flüssige Butter und dann langsam unter stetigem Rühren die verquirlten Eigelb beigeben, weiterrühren bis eine schaumige Sauce entsteht.
Die Traubenbeeren im Cognac erwärmen und über die angerichteten Zanderfilets verteilen.
Sauce separat servieren.

Schwalenauflauf

800 g	*Schwalenfilets, in ca. 6 cm breite Stücke geschnitten*
	Salz, Pfeffer, Streuwürze
2 EL	*Zitronensaft*
2 EL	*gehackte Kräuter (Petersilie, Dill, Estragon, Liebstöckel)*
2 EL	*Butter*
2 dl	*Rahm*
1	*Joghurt*
4	*Sardellenfilets*
ca. 500 g	*Kartoffeln*

Fischstücke würzen, mit Zitronensaft beträufeln und ziegelartig in eine Gratinplatte schichten. Geschälte Kartoffeln in ca. 4–5 mm dicke Scheiben schneiden. Knapp weichkochen und auf die Fische legen. Mit der flüssigen Butter übergießen. Zuletzt den Rahm und den Joghurt mit den Kräutern und den zerkleinerten Sardellenfilets gut vermischen. Salzen und pfeffern und über die Kartoffeln gießen. Im vorgeheizten Ofen bei mittlerer Hitze ca. 20 Minuten gratinieren.

Forellen blau

4	*Forellen (Bach- oder Regenbogen) zu ca. 250 g*
4 EL	*Butter*
1	*Zitrone*

Sud

2½ l	*Wasser*
2½ dl	*Weißwein*
1½ dl	*Essig*
50 g	*Salz*
2	*geschnittene Zwiebeln*
1	*Lauch*
1	*Karotte*
1	*Sträußchen Petersilie*
	Pfeffer, Lorbeer, Thymian

Aus den Zutaten einen Sud herstellen und ca. 15 Minuten kochen lassen. Die ausgenommenen Forellen in den kochenden Sud geben und ca. 10 Minuten bei kleinstem Feuer ziehen lassen. Die Fische herausheben, mit brauner Butter übergießen und mit Zitronenschnitzen garnieren.

Bestellkarte

Ich bestelle:

____ Ex. Duijker, Die grossen Weine der Rioja		Fr. 69.80 / DM 78.—
____ Ex. Duijker, Die grossen Weine des Burgund		Fr. 69.80 / DM 78.—
____ Ex. Duijker, Die guten Weine von Bordeaux		Fr. 69.80 / DM 78.—
____ Ex. Duijker, Die grossen Weine Elsass, Loire, Champagne		Fr. 69.80 / DM 78.—
____ Ex. Duijker, Die Spitzenweine von Bordeaux		Fr. 69.80 / DM 78.—
____ Ex. Duijker, Die besten Weine Rhône/Südfrankreich		Fr. 69.80 / DM 78.—
____ Ex. Jamieson, Deutsche Weine		Fr. / DM 19.80
____ Ex. Peynaud, Die Hohe Schule für Weinkenner		Fr. 98.— / DM 118.—
____ Ex. Read, Spanische Weine		Fr. / DM 19.80
____ Ex. Steurer, Die Weine Italiens	SA	Fr. / DM 39.80
____ Ex. Steurer, Welcher Wein zu welchem Essen?		Fr. / DM 19.80
____ Ex. Weidmann, Kreative Drinks ohne Alkohol		Fr. / DM 34.80
____ Ex. Parkin, 365 Cocktails und Longdrinks		Fr. / DM 34.80
____ Ex. Conzetti, Unsers Johr im Elsass	ca.	Fr. / DM 26.80
____ Ex. Ancelet, Französisch kochen	SA	Fr. / DM 29.80
____ Ex. Bührer, Schweizer Spezialitäten		Fr. 58.— / DM 68.—
____ Ex. Fülscher, Das Fülscher-Kochbuch		Fr. 48.— / DM 58.—
____ Ex. Hosslin, Kochen mit Blumen		Fr. 68.— / DM 78.—
____ Ex. Hsu Hui Min, Chinesisch kochen		Fr. / DM 29.—
____ Ex. Imhof, Gaumenfreuden aus Bach und See		Fr. 16.80 / DM 19.80
____ Ex. Marcolungo, Italienisch kochen		Fr. / DM 39.80

Frau/Frl./Herr: ____________ Vorname: ____________

Strasse: ____________ Land/PLZ/Ort: ____________

Datum: ____________ Unterschrift: ____________

Meine Buchhandlung: ____________

Preisstand 31.7.87, Änderungen vorbehalten!

Nicht frankieren

Ne pas affranchir

Non affrancare

Geschäftsantwortsendung **Invio commerciale-risposta**

Correspondance commerciale-réponse

Albert Müller Verlag AG

Postfach 382

CH-8803 Rüschlikon

Hubrecht Duijker:
Die grossen Weine der Rioja

Aletpastetchen nach Fischerart

300 g	*Aletfilets, in Streifen geschnitten*
8	*Blätterteigpastetchen*
150 g	*Champignons, in Viertel geschnitten*
ca. 250 g	*Spargelspitzen, in ca. 2 cm lange Stücke geschnitten (evtl. Dose)*
1 Glas	*Weißwein*
1	*feingehackte Zwiebel*
2 EL	*Butter*
½ dl	*Rahm*
½ dl	*weiße Sauce (s. S. 117)*
	Zitronensaft
	Pfeffer, Salz, Petersilie

Gehackte Zwiebeln, Champignons und Aletfilets in Butter dämpfen. Mit Weißwein ablöschen und ca. 5 Minuten zugedeckt dünsten. Die weiße Sauce herstellen und mit dem Fisch-Champignon-Ragout, den Spargelspitzen und dem Rahm sorgfältig vermischen. Mit Zitronensaft, Salz und Pfeffer abschmecken und die feingehackte Petersilie beifügen. Nochmals erhitzen und in die vorgewärmten Pastetchen füllen.

«Alet» ist einer der Namen für «Döbel», der auch noch Aitel, Alert, Diebling, Dickkopf, Dübel usw. genannt wird.

Trüschenragout

Rezept aus Fischkochwettbewerb, von Roland Tschupp

800 g	*Trüschenfilets*
1½ dl	*Fischfond oder Bouillon*
1 dl	*Rahm*
1 dl	*Weißwein*
½ dl	*trockener Vermouth*
1 EL	*Mehlbutter*
	Dill
	Salz, Pfeffer
100–150 g	*Karotten*
100–150 g	*Lauch*
100–150 g	*Sellerie*
100–150 g	*Tomaten*
100–150 g	*Champignons, frische*
	Trüffel (nach Geschmack)
1	*Zwiebel, gehackt*
	etwas Fenchelkraut
2 EL	*Butter*
150 g	*Blätterteig*
1	*Eigelb*

Die Filets kurz waschen und in fingerdicke Stücke schneiden. Den Fischfond mit der Hälfte des Weißweins und dem Vermouth aufkochen. Die Fische darin ca. 8 Minuten ziehen lassen. Die Filets herausheben und den Fond auf ca. 2 dl einkochen lassen. Mit der Mehlbutter binden, den Rahm dazugießen und mit Dill, Salz und Pfeffer abschmekken. Die Sauce abkühlen lassen.
Karotten, Sellerie und Lauch fein schneiden, mit den Zwiebeln in Butter anbraten, salzen und pfeffern und in wenig Weißwein eine Minute zugedeckt dämpfen. Die Fischstükke gleichmäßig in 4 Portionenförmchen legen und darauf

das erkaltete Gemüse verteilen. Die Champignons blättrig schneiden, die enthäuteten Tomaten fein würfeln und zusammen mit Fenchelkraut und Trüffel ebenfalls gleichmäßig verteilen.
Mit Sauce auffüllen und den Rand der Förmchen mit Eigelb bestreichen. Aus dem 2 mm dünn ausgewallten Blätterteig passende Rondellen schneiden, über die Förmchen legen und rundherum gut andrücken. Den Teig mit Eigelb bestreichen und das Ragout im Ofen bei 220 Grad ca. 15–20 Minuten backen. Sofort servieren.
Als Beilage eignet sich Reis.

Forellen nach Auvergner Art

4	*Forellen zu 200–250 g*
50 g	*Butter*
1 dl	*trockener Vermouth*
2	*Eier*
1 dl	*Rahm*
125 g	*Gruyère, gerieben*
	Salz, Pfeffer, Streuwürze

Die gut gewürzten Forellen in eine gebutterte Gratinform legen. Den Vermouth dazugießen und die Fische mit Butterflocken belegen. Mit Alufolie decken und im Ofen bei mittlerer Hitze ca. 10 Minuten dämpfen. Den Fond sorgfältig abgießen, mit dem Rahm und den Eiern gut verrühren, würzen und über die Forellen gießen. Den geriebenen Gruyère darüberstreuen und im vorgeheizten Backofen bei mittlerer Hitze ca. 15 Minuten gratinieren (Oberhitze).

Felchenfilets «Arenenberg»

600–800 g	*Felchenfilets*
	Salz, Pfeffer, Streuwürze
3 EL	*Mehl*
4 EL	*Butter*
½ Glas	*Apfelschnaps (Calvados)*
½	*Zitrone*
1	*Apfel (säuerlich)*

Die Felchenfilets würzen, sparsam mehlen und in Butter braten. Mit Apfelschnaps übergießen und flambieren. Den Apfel schälen und in kleine Würfel schneiden. Ebenso das Fruchtfleisch der halben Zitrone kleinwürfelig schneiden, dabei die bittere weiße Haut der Schale sorgfältig entfernen. Zitronen- und Apfelwürfelchen in Butter weichdämpfen und über die Felchenfilets verteilen.

Cannelloni nach Stäfener Art (mit Schwalen)

Rezept aus Fischkochwettbewerb, von Werner Aeberli

250 g	*weiße Lasagneblätter*
500 g	*Schwalenfilets*
	Paniermehl
2	*Eier*
	Salz
1 Prise	*Pfeffer, weiß*
1 Prise	*Streuwürze*
1 Prise	*Muskat*
2 dl	*Milch*
2 TL	*Petersilie, gehackt*
1 TL	*Basilikum, gehackt*
4 dl	*Tomatensauce*
4 dl	*weiße Sauce (s. S. 117)*
100 g	*geriebener Sbrinz*
40 g	*Kochbutter*

Lasagneblätter in viel Salzwasser sorgfältig al dente kochen. Wasser abgießen und die Blätter auf einem Tuch einzeln ausbreiten, damit sie nicht zusammenkleben.
Die Schwalenfilets sorgfältig entgräten und durch die feine Scheibe des Fleischwolfs passieren. Das Paniermehl in der Milch aufweichen, Eier, Salz, Pfeffer, Muskatnuß, Streuwürze sowie Petersilie und Basilikum beigeben und gut mischen. Das gehackte Fischfleisch mit der gewürzten Brotmasse gut verkneten. Die Fischmasse auf die Lasagneblätter verteilen und einrollen.
Die Tomatensauce zubereiten, in eine Gratinform gießen, die Cannelloni darauf legen, mit der weißen Sauce überziehen, den geriebenen Sbrinz darüberstreuen und mit Butterflocken belegen. Im Ofen überbacken.

Schwalen oder Hasel-Filets an Vermouthsauce

Rezept aus Fischkochwettbewerb, von Walter Odermatt

800 g	*Schwalen oder Hasel-Filets*
30 g	*Butter*
1	*gehackte Zwiebel*
1 dl	*Weißwein*
1 dl	*Rahm*
	Dill
½ dl	*weißer, trockener Vermouth*
	Salz, Pfeffer, Zitronensaft
	Petersilie, gehackt

Die Zwiebeln in der Butter glasig dünsten. Die Fischfilets mit der Haut nach unten in die Pfanne legen. Mit Salz, Pfeffer, Dill und Zitronensaft würzen, Weißwein und Vermouth zugießen. Zugedeckt auf kleinem Feuer 10 Minuten ziehen lassen. Fische herausheben und auf einer vorgewärmten Platte anrichten. Den Fischfond etwas einkochen lassen, mit dem Rahm verfeinern, abschmecken und über die Fische gießen. Mit Petersilie garnieren.

Forelle in Gelee (kalt)

4 Forellen blau gekocht
(siehe Grundzubereitungsarten)
½ l Sülze
1 Kopfsalat
1 Ei, hartgekocht
gefüllte Oliven
Spargelspitzen
Zitronenschnitze
Petersilie

Die erkalteten Forellen gut abtropfen lassen und enthäuten. Mit der noch leicht flüssigen Sülze überziehen. Mit Eierscheiben, Oliven und Spargelspitzen garnieren und nochmals mit Sülze überziehen. Auf Salatblättern anrichten und mit Petersilie und Zitronenschnitzen garnieren.

Eglifilets nach Großmutterart

600 g	*Eglifilets*
1	*Zwiebel, gehackt*
2 EL	*Petersilie, gehackt*
2 EL	*Butter*
1 EL	*Zitronensaft*
1 dl	*Weißwein*
	Salz, Pfeffer, Streuwürze

Gehackte Zwiebel und Petersilie in eine gut gebutterte Gratinform streuen. Die gewürzten Eglifilets darauflegen und mit dem Weißwein übergießen. Mit einer Alufolie bedeckt ca. 8–10 Minuten im vorgeheizten Ofen pochieren. Die Butter zusammen mit dem Zitronensaft erhitzen und darübergießen.

Schleienfilets «ma façon»

Rezept aus Fischkochwettbewerb, von Peter Büttler

750 g	*Schleienfilets, in Streifen geschnitten*
2	*Tomaten*
1 EL	*Kapern*
1	*Zwiebel*
1 dl	*Weißwein*
1 dl	*Fischfond oder Bouillon*
2 EL	*weißer Porto*
50 g	*Butter*
30 g	*Mehl*
	Safran, Salz, Cayennepfeffer, Zitronensaft
	Schnittlauch, Rahm

Die Schleienfilets und die gehackten Zwiebeln in 20 g Butter leicht dünsten, mit dem weißen Porto und dem Weißwein ablöschen, den Fischfond dazugießen und ca. 5 Minuten köcheln lassen. Den Fisch herausheben und warmstellen, den Fond etwas einkochen lassen. Das Mehl und die restliche Butter miteinander verkneten und die Sauce damit binden. Mit Salz, Cayennepfeffer und Zitronensaft würzen. Die geschälten und in Würfel geschnittenen Tomaten und die Kapern hinzufügen, mit Safran, Rahm und Schnittlauch abschmecken. Die Sauce über die angerichteten Fischstreifen gießen.

Forellenfilets Noilly Prat

800 g	*Forellenfilets*
100 g	*Butter*
2 dl	*Weißwein*
1 dl	*weißer trockener Vermouth*
1	*Zwiebel, gehackt*
1 TL	*Estragon*
2 dl	*Rahm*
	Salz, Pfeffer, Zitronensaft

Weißwein und Vermouth zusammen mit Zwiebeln, Estragon und Pfeffer einkochen lassen. 80 g Butter unter stetigem Rühren mit dem Schneebesen flockenweise darunter ziehen. Mit Salz und Zitronensaft abschmecken. Den gewürzten Fisch kurz in der restlichen Butter braten und anrichten. Die Sauce darübergießen.

Felchen mariniert

1000–1500 g	*Felchen, sauber ausgenommen, ohne Kopf, Schwanz und Flossen*
	Mehl
	Öl
	Salz, Pfeffer, Streuwürze
	Zitronensaft

Marinade:

½ l	Wasser und ½ l Weißwein
1–1½ dl	Essig
4	Zwiebeln, in Scheiben geschnitten
1	Karotte, in Scheiben geschnitten
2	Lorbeerblätter
2	Nelken
	Pfefferkörner

Alle Zutaten für die Marinade ca. 15 Minuten kochen lassen. Unterdessen die Fische gut abtrocknen, würzen, mehlen und im Öl rundherum goldgelb braten. Die Fische in einen irdenen Topf legen und mit der abgekühlten Marinade übergießen. Die Fische müssen mit der Flüssigkeit bedeckt sein. Mit einem Pergamentpapier oder einer Alufolie zugedeckt an einem kühlen Ort mindestens 24 Stunden ziehen lassen.

Schwalenfilets nach «Küsnachter Art»

Rezept aus Fischkochwettbewerb, von Jakob Siegrist

8	*Schwalenfilets à 60–70 g ohne Haut*
100 g	*frische Champignons*
½ dl	*Weißwein*
	Saft einer Zitrone
1	*Ei*
1 EL	*Petersilie, gehackt*
100 g	*Paniermehl (helles)*
40 g	*Butter*
	Salz, Pfeffer, Worcestersauce, Muskatnuß
250 g	*Blattspinat, gefroren, oder aus 1 kg frisch gekocht*
20 g	*Butter*
1	*gehackte Zwiebel*
1	*gehackte Knoblauchzehe*
4	*kleine Tomaten*

Schwalenfilets ganz leicht klopfen und mit Salz, Pfeffer, Zitronensaft und Worcestersauce würzen. Champignons waschen und mit Weißwein, Zitronensaft und wenig Salz kurz dämpfen, abtropfen und ohne Flüssigkeit im Mixer pürieren. Die Petersilie beigeben. Jeweils ein Schwalenfilet mit einem EL dieser Füllung bestreichen und mit einem weiteren Filet belegen, gut zusammenpressen, mehlen, durch das verquirlte Ei ziehen und in Paniermehl wenden. In der Hälfte der Butter goldgelb braten. In der Zwischenzeit Zwiebeln und Knoblauch in der restlichen Butter glasig braten. Spinat beigeben und 5 Minuten mitdünsten. Mit Salz, Pfeffer und Muskatnuß würzen. Von den Tomaten einen Deckel abschneiden, sie aushöhlen und im Ofen kurz dünsten. Auf einer großen Platte die gefüllten Filets mit den Tomaten und dem Spinat anrichten. Als Beilage eignen sich Salzkartoffeln.

Gefüllte Felchen «Christine»

4	*nicht zu große Felchen*
250 g	*Champignons*
150 g	*Zwiebeln, gehackt*
2	*mittelgroße Äpfel*
1 dl	*Rahm*
1 dl	*Weißwein*
5 dl	*Fischfond oder Bouillon*
	Salz, Pfeffer, etwas Zitronensaft
1	*Eigelb*
	etwas Cognac zum Flambieren

Die Felchen am Rücken aufschneiden, entgräten, ausnehmen und gut waschen.
Die Champignons und die geschälten Äpfel in Scheiben schneiden, mit der Hälfte der Zwiebeln in wenig Butter braten, mit dem Cognac übergießen und flambieren. Nach dem Abkühlen durch die feinste Scheibe des Fleischwolfs passieren. Die Füllung mit Salz, Pfeffer und Zitronensaft abschmecken und mit etwas Rahm verfeinern.
Die Felchen mit dieser Masse füllen, mit Faden leicht zusammenbinden, in eine gebutterte Form legen, den Weißwein und den Fischfond zugießen und im Ofen 20 Minuten bei mittlerer Hitze garen. Die gefüllten Fische sorgfältig aus der Form heben und den Fond etwas einkochen lassen.
Das Eigelb mit dem restlichen Rahm gut mischen und unter Rühren zum Fond gießen. Die Sauce darf nicht mehr kochen. Mit Salz, Pfeffer und Zitronensaft abschmecken.
Zum Anrichten den Fischen die Haut abziehen. Die Sauce darüber verteilen. Mit gehackter Petersilie bestreuen.
Als Beilagen eignen sich Salzkartoffeln und gemischter Salat.

Schweizer Fischsuppe

500 g	*Alet-, Schleien- oder Schwalenfilets*
2–3	*Karotten*
1	*Lauch*
½	*Sellerieknolle (ca. 200 g)*
	Petersilie, Schnittlauch, Kerbel, Liebstöckel
1	*Lorbeerblatt*
1	*Zwiebel, gehackt*
4	*Knoblauchzehen, gehackt*
	Salz, Pfeffer, Safran
2 dl	*Weißwein*
2 EL	*Butter*

Karotten, Lauch und Sellerie fein schneiden und in 1 EL Butter andämpfen, die gehackten Kräuter und das Lorbeerblatt beigeben, 1½ l Wasser dazugießen und aufkochen lassen. Die Fischfilets in Streifen schneiden, zusammen mit Zwiebeln und Knoblauch in der restlichen Butter braten und mit dem Weißwein ablöschen. In den Sud geben und noch ca. 10–15 Minuten ziehen lassen.

Felchengeschnetzeltes

900 g	*Felchen- (evtl. Egli-) Filets, in Streifen geschnitten*
½	*Zwiebel*
3 EL	*Butter*
1–2 EL	*Mehl*
1 Glas	*Weißwein*
	Petersilie, Pfeffer, Streuwürze
1 dl	*Rahm*

Die gehackte Zwiebel in 2 EL der Butter glasig dünsten. Die gewürzten und gemehlten Fischstücke beifügen und goldgelb braten. Auf einer erwärmten Platte mit Salzkartoffeln anrichten. Die feingehackte Petersilie darüberstreuen. Das Mehl in der restlichen Butter hellbraun rösten. Mit dem Weißwein ablöschen, den Rahm dazugießen und aufkochen lassen. Die abgeschmeckte Sauce über die Fische verteilen.

Salz.

Schwalenragout «Piroschka»

800 g	*Schwalenfilets*
50 g	*Speckwürfelchen*
2	*Zwiebeln, gehackt*
2	*Peperoni, ohne Kerne und weiße Teile in Würfel geschnitten*
	Butter
4 EL	*Öl*
4 EL	*Mehl*
1 TL	*Paprika*
	Salz, Pfeffer
1 Glas	*Weißwein*
1 Döschen	*Tomatenpüree*
1 dl	*Bouillon*
2 dl	*Sauerrahm oder Joghurt*

Die Schwalenfilets in ca. 3 cm breite Streifen schneiden. Würzen, mehlen und im Öl rundherum anbraten. In einer zweiten Pfanne in wenig Butter gehackte Zwiebeln, Speck und Peperoniwürfel anbraten. Tomatenpüree und Paprika kurz mitdünsten. Mit dem Weißwein ablöschen, etwas einkochen lassen und mit der Bouillon auffüllen. Ca. 10 Minuten leicht kochen lassen. Die Fische beigeben und nochmals bis zum Siedepunkt erhitzen. Vom Feuer nehmen, den Rahm dazugießen, salzen und pfeffern, sofort servieren.

Gratinierte Felchenklößchen

(für 4–5 Personen)

400 g	*Felchenfilets*
100 g	*Kalbsnierenfett oder Butter*
50 g	*Weißbrot ohne Rinde*
4	*Eigelb*
30 g	*Zwiebeln, gedämpft mit Thymian*
1½ dl	*Rahm*
½ dl	*Weißwein*
½ dl	*Pernod*
20 g	*Pistazien, gehackt*
30 g	*Lachs, geräuchert*
3–4 dl	*Fischfond*
1½ dl	*Sauce Hollandaise*
1 dl	*Rahm*
50 g	*Butter, 50 g Mehl (Mehl-Butter)*
	Salz, Pfeffer
150 g	*Champignons*

Das Brot im Rahm einweichen. Danach zusammen mit Nierenfett, Zwiebeln und Felchenfilets durch den Fleischwolf treiben. Den Weißwein und das Eigelb unter die Fischmasse arbeiten. Das Eiweiß leicht schlagen und mit Salz und Pfeffer würzen. Mit wenig Pernod, den Pistazien und dem feingeschnittenen Lachs dazumischen. Die Masse mit dem Löffel zu nußgroßen Klößchen formen und im Fischfond pochieren. Darauf die Klößchen in eine gebutterte Gratin-Platte legen. Den Fischfond mit der Mehl-Butter binden, die blättrig geschnittenen Champignons beigeben und abschmecken. Den geschlagenen Rahm und die Fisch-Sauce sorgfältig unter die Hollandaise-Sauce ziehen. Die fertige Sauce über die Klößchen geben und diese im Ofen 5 Minuten bei mittlerer Hitze gratinieren. Dazu wird Reis serviert.

Eglifilets an Dillsauce

600–800 g	*Eglifilets*
	Salz, Pfeffer, Streuwürze
2 EL	*Butter*
1 EL	*Petersilie, gehackt*
1 Glas	*Weißwein*
2 EL	*Zitronensaft*
1/2 l	*weiße Sauce (s. S. 117)*
1 EL	*Dill, gehackt (frisch)*
1 EL	*Rahm*

Die Eglifilets mit Salz, Pfeffer und Streuwürze würzen und in eine mit Butter bestrichene feuerfeste Form legen. Die gehackte Petersilie darüberstreuen, Weißwein und Zitronensaft dazugießen. Mit Alufolie bedecken und im vorgeheizten Ofen bei mittlerer Hitze ca. 10 Minuten dämpfen. In der Zwischenzeit die weiße Sauce zubereiten. Die Fischfilets aus der Form heben, auf einer Platte anrichten und warmstellen. Den Fischfond zur Sauce gießen, beides zusammen aufkochen lassen, den gehackten Dill und den Rahm beifügen und die Eglifilets mit dieser Sauce überziehen.

Albelifilets (Kleinfelchen) nach provençalischer Art

500 g	*Albelifilets*
etwa 2 dl	*helles Bier*
	Salz und Pfeffer
	etwas Zitronensaft
3–4 EL	*Mehl*
2 EL	*eingekochte Butter*
½ dl	*Weißwein*
1	*feingeschnittene Zwiebel*
1	*gepreßte Knoblauchzehe*
4	*geschälte Tomaten*
2 EL	*Olivenöl*
½ EL	*Tomatenpüree*

Die Albelifilets einzeln in helles Bier tauchen. Etwas ziehen lassen. Mit Salz und Pfeffer würzen und mit wenig Zitronensaft beträufeln. Nochmals 5 Minuten ruhen lassen. Die Filets in Mehl beidseitig wenden und in der heißen Butter goldbraun braten. Für die Sauce das Olivenöl erhitzen, die Zwiebeln und die Knoblauchzehe darin andämpfen. Die in Stücke geschnittenen Tomaten beigeben. Das Tomatenpüree im Weißwein auflösen und dazugießen. Die Sauce 15 Minuten köcheln lassen. Würzen und über die angerichteten Fische gießen.

Hechtklößchen

600 g	*rohes, reines Hechtfleisch (sehr fein püriert oder 2 mal durch die Hackmaschine gedreht)*
2 dl	*Rahm*
4	*Eier*
3 dl	*Weißweinsauce (s. S. 118)*
	Salz, Pfeffer
	Muskatnuß
2½ dl	*Wasser*
50 g	*Butter*
150 g	*Mehl*
	Salz

Wasser mit Salz und Butter aufkochen. Das Mehl hineinschütten und bei großer Hitze gut durchrühren, bis sich die Masse von der Kasserolle löst. Erkalten lassen und mit Hechtfleisch, Rahm und Eiern gut verrühren. Mit Salz, Pfeffer und Muskatnuß würzen. Mit 2 nassen Eßlöffeln Klöße formen und in heißem Salzwasser ca. 10 Minuten ziehen lassen. In der Zwischenzeit die Weißweinsauce herstellen und mit den gut abgetropften Hechtklößchen sorgfältig mischen. Dieses delikate Fleischgericht wird sehr oft vor dem Servieren noch gratiniert.

Felchenfilets an Safransauce

600 g	*Felchenfilets, in ca. 6 cm breite Stücke geschnitten*
	Salz, Pfeffer, Streuwürze, Zitronensaft
	Petersilie
2 EL	*Butter*
1 Glas	*trockener Vermouth*
2 dl	*Fischfond oder Bouillon*
1 dl	*Rahm*
2	*Tomaten, geschält, in Würfel geschnitten*
	Safran

Die gewürzten Felchenfilets in der Butter kurz anbraten. Unterdessen den Fischfond und den Vermouth zusammen etwas einkochen lassen. Tomatenwürfel und Safran dazugeben. Abschmecken und mit dem Rahm verfeinern. Die angebratenen Felchenfilets kurz in der Sauce erhitzen, mit der gehackten Petersilie bestreuen und anrichten.

Felchenfilets nach chinesischer Art

720 g	*Felchenfilets ohne Haut*
2 EL	*Öl*
80 g	*Lauch*
10 g	*Ingwerwurzel, fein gehackt*
60 g	*Zwiebeln*
¼ dl	*Soyasauce*
½ dl	*Fischfond oder Bouillon*
	Salz, Gewürze

Gerösteter Reis

200 g	*Reis gekocht*
4 EL	*Öl*
50 g	*Zwiebeln grob geschnitten*
½	*Bund Schnittlauch*
100 g	*Crevetten, geschält*
2	*Eier*
	Salz, Pfeffer

Zwiebeln und Lauch feinschneiden, mit dem Ingwer im Öl leicht dämpfen. Die Felchenfilets in eine gebutterte Gratinform legen. Das Gemüse über dem Fisch verteilen. Mit Soyasauce und Fischfond beträufeln und im Ofen bei 250 Grad 5 Minuten garen lassen.
Für die Beilage die Zwiebeln und die Crevetten im Öl braten und den schon vorgekochten Reis dazugeben und kurz miträsten. Den Schnittlauch und die geschlagenen Eier mit dem Reis mischen und weiterbraten, bis die Eier mit dem Reis kleine Klümpchen bilden. Mit Salz und Pfeffer würzen.

Felchen à la Mode du Chef

(für 1 Person)

1	*Felchen, ausgenommen*
	Mehl
20 g	*Butter*
20 g	*gehackte Zwiebel*
50 g	*Champignons, blättrig geschnitten*
10 g	*Kräuter, gehackt, nach Geschmack*
2 EL	*Pernod*
½ dl	*Weißwein*
½ dl	*Rahm*
	Salz, Zitronensaft, Worcestersauce

Den Felchen mit Salz, Zitronensaft und Worcestersauce würzen, in etwas Mehl wenden und in der zerlassenen Butter beidseitig anbraten. Die Zwiebeln beigeben und kurz mitdünsten. Die Champignons und die Kräuter dazufügen, mit Pernod ablöschen und mit dem Weißwein auffüllen. Zugedeckt dünsten. Den Fisch anrichten und warmstellen. Den Rahm zum Fond geben, etwas einkochen lassen und über den Fisch gießen.

Forellen geräuchert mit Meerrettichsauce

4	*geräucherte Forellen*
	Salat zum Garnieren (z. B. Kopf-, Nüßli- [Rapunzel, Feldsalat], Kresse-, Karottensalat)
1	*Zwiebel, in dünne Ringe geschnitten*
1	*Zitrone*

Die Forellen auf einer Platte oder auf Teller anrichten. Mit Salat, Zwiebelringen und Zitronenschnitzen garnieren.

Meerrettichsauce

50 g	*Quark*
1 TL	*Senf*
½ TL	*Zucker*
	Salz, Pfeffer, Streuwürze
1 Stück	*Meerrettich*
½	*Apfel*
1 dl	*Schlagrahm*

Den Meerrettich und den halben Apfel fein reiben und mit dem Quark und den Gewürzen gut vermischen. Zuletzt den geschlagenen Rahm sorgfältig darunterziehen.

Rötel nach Zuger Art

4	*ganze Rötel*
50 g	*Butter*
je ein TL	*Kerbel, Estragon, Schnittlauch, gehackt*
	Salz, Pfeffer, Streuwürze
	Petersilie, gehackt

Butter in einer Gratinform zergehen lassen, die Fische hineinlegen, salzen und pfeffern, mit Zitronensaft beträufeln und mit einer Alufolie decken. Im vorgeheizten Ofen bei guter Hitze etwa 20 Minuten garen, dabei die Fische hin und wieder mit der Butter aus der Form begießen. 5 Minuten vor Ende der Kochzeit Kerbel, Estragon und Schnittlauch zu den Röteln geben. Zum Anrichten mit Petersilie bestreuen.
Nach Belieben kann die Sauce noch mit Rahm verfeinert werden.

Abb.: Frische Rötel ▷

Eglifilets an weißer Buttersauce

800 g	*Eglifilets*
	Salz, Pfeffer, Streuwürze, Dill
1	*Zwiebel* } *feingeschnitten*
1	*Lauch* } *feingeschnitten*
1	*Karotte* } *feingeschnitten*
1 Stück	*Sellerie* } *feingeschnitten*
4 dl	*Weißwein*
150 g	*Butter*
1	*Zwiebel, gehackt*
1 dl	*Essig (weiß)*

Das Gemüse in 10 g der Butter leicht dünsten und in eine feuerfeste Form geben. Die gewürzten Eglifilets darauf legen, die Hälfte des Weißweins beigeben und zugedeckt (Alufolie) ca. 10 Minuten im Ofen bei mittlerer Hitze pochieren. Für die Buttersauce die Zwiebeln in etwas Butter glasig braten, den Essig beifügen und einkochen lassen. Mit dem restlichen Weißwein ablöschen, würzen und ebenfalls einkochen lassen, bis fast keine Flüssigkeit mehr vorhanden ist. Die gekochten Fischfilets aus der Form heben und warmstellen. Etwa 1 dl des Fischfonds zum Weißwein gießen und aufkochen lassen. Die übrige, weiche Butter unter Rühren flockenweise dazugeben, bis eine sämige Sauce entsteht. Die Eglifilets auf Gemüsebeet anrichten und mit der weißen Buttersauce übergießen.

Felchenfilets nach Lüscherzer Art

(für 2 Personen)

300 g	*Felchenfilets*
1 dl	*Weißwein*
1 EL	*Zwiebeln gehackt*
1	*Knoblauchzehe, gehackt*
200 g	*Tomatenwürfel (geschält)*
½ Dose	*grüne Spargelspitzen*
½ dl	*Schlagrahm*
40 g	*Butter*
	Salz, Dill und Majoran
	Tabasco, Worcestersauce
	Schnittlauch, Petersilie, gehackt

Die Felchenfilets mit der Haut nach außen einrollen und mit einem Zahnstocher zusammenstecken. Im Weißwein kurz dämpfen, salzen und in eine gebutterte Gratinplatte setzen. Die Zahnstocher entfernen. Den zurückgebliebenen Weißweinfond stark einkochen. Zwiebeln, Knoblauch, Tomaten beifügen. Etwas Dill und Majoran dazugeben und mit Salz, Worcestersauce und Tabasco würzen. Etwas einkochen lassen. Petersilie, Schnittlauch und den geschlagenen Rahm darunterziehen. Die Sauce um die Felchen verteilen und auf jedes Fischröllchen etwas Butter legen. Das Gericht im heißen Ofen 5 Minuten gratinieren. Mit den erwärmten Spargelspitzen garnieren.
Mit Salzkartoffeln servieren.

Felchen mit Mandeln und Rahm

4	*Felchen, je ca. 300 g*
	Salz
	Mehl
80 g	*Butter*
100 g	*Mandelspäne*
2 dl	*Rahm*
1 EL	*Petersilie, gehackt*

Die ausgenommenen Felchen waschen, trockentupfen mit Küchenpapier, salzen, in Mehl wenden. In Butter in der Bratpfanne auf beiden Seiten je 4–5 Minuten braten, vorsichtig herausheben und warmstellen. In der Butter die Mandelspäne goldbraun rösten, mit dem Rahm ablöschen, aufkochen, abschmecken und über die Fische gießen. Petersilie darüberstreuen.

Hecht gebacken

12	*Scheiben Hecht*
	Salz, Pfeffer, Streuwürze
	Zitronensaft
	Petersilie, Estragon
200 g	*Mehl*
½	*Flasche Bier*
1 Prise	*Salz*
	Pfeffer
	Backöl

Für den Backteig Mehl, Bier, eine Prise Salz und wenig Pfeffer zusammen glattrühren. Zugedeckt eine Stunde ruhen lassen. Hechttranchen mit Salz, Pfeffer, Streuwürze, den gehackten Kräutern und dem Zitronensaft würzen und 1 Stunde ziehen lassen. Abtropfen und mit Küchenpapier trockentupfen. In wenig Mehl wenden und durch den Backteig ziehen. In der Friteuse oder in einer Gußeisenpfanne in heißem, aber nicht rauchendem Öl etwa 4 Minuten backen.
Mayonnaise oder Tomatensauce separat dazu servieren.

Karpfenröllchen «Wilhelmine»

Rezept aus Fischkochwettbewerb, von Max Misteli

800 g	*Karpfenfilets, enthäutet*
100 g	*geräucherter Lachs in Scheiben*
1 dl	*Rahm*
1 Glas	*Weißwein*
1 dl	*Fischfond oder Bouillon*
	gehackte Petersilie, Estragon und Basilikum
30 g	*Butter*
1	*Zwiebel, gehackt*
1 EL	*Mehl*
	Salz, Pfeffer

Füllung:

100 g	*Hechtfleisch, gehackt*
100 g	*Karpfenfleisch (Abschnitte), gehackt*
2 dl	*Rahm*
1	*Eiweiß*
	Cayennepfeffer, Salz, Pfeffer

Die Filets in Portionenstücke von etwa 90 g schneiden (rechteckig). Die Zutaten für die Füllung gut mischen, auf die mit Lachsscheiben belegten Karpfenfilets streichen, die Filets sorgfältig einrollen. Die Fisch-Röllchen salzen, pfeffern und mit Zitronensaft beträufeln, in eine gebutterte, mit Zwiebeln ausgelegte Form geben, mit Weißwein und Fischfond im Ofen garen (12–15 Minuten). Die Garflüssigkeit sorgfältig abgießen und aufkochen lassen, den Rahm beigeben und mit Mehlbutter binden. Die gehackten Kräuter dazufügen, abschmecken und die Sauce über den angerichteten Fisch gießen.

Zander nach Müllerinnenart

3–4	*schöne Zander*
	Zitronensaft
	Mehl
	Öl oder Fett
100 g	*Butter*
	Salz, Pfeffer, Worcestersauce
	Salbei, Estragon, Kerbel, Thymian (alles feingehackt)
	Petersilie
1	*Zitrone*

Die sauber gewaschenen und ausgenommenen Fische mit Salz, Pfeffer, Zitronensaft und Worcestersauce würzen. Mit einem Messer 2 bis 3 mal beidseitig schräg einschneiden. Mehlen. Die Zander in Öl oder Fett beidseitig goldbraun braten und auf einer Platte anrichten. In der zerlassenen Butter die Kräuter kurz schwenken (nicht bräunen) und über die Fische geben. Mit Zitronenschnitzen und Petersilie garnieren.

Felchen nach «Mère Klara»

4	*Felchen à 250 g*
2 dl	*Portwein*
2	*Zwiebeln, gehackt*
10 g	*Butter*
200 g	*Champignons*
200 g	*Karotten*
50 g	*Trüffel, fein gehackt (evtl. Herbsttrompeten)*
1 dl	*Weißwein*
2 – 3 dl	*Rahm*
	Salz, Pfeffer, Cayennepfeffer, Thymian
2	*Eigelb*

Die Champignons und die Karotten feinschneiden und zusammen mit den Zwiebeln und der Trüffel in Butter anbraten, mit Weißwein ablöschen und 10 Minuten bei kleinem Feuer dünsten. Mit 1 dl des Rahms und mit dem Eigelb binden, dabei nicht mehr aufkochen lassen. Mit Salz, Pfeffer, Cayennepfeffer und Thymian würzen. Die Felchen am Rücken aufschneiden, ausnehmen und die Gräten herauslösen, salzen und pfeffern und mit der Gemüsemasse füllen.

Die Fische in eine gebutterte feuerfeste Form legen, den Portwein dazugießen und im Ofen bei mittlerer Hitze ca. 15 Minuten dämpfen.

Die Felchen auf einer Platte anrichten und warmstellen, den Fond etwas einkochen, mit dem restlichen Rahm auffüllen und abschmecken. Die Sauce über die Felchen gießen und die Platte nach Belieben mit kleinen Blätterteighalbmonden garnieren.

Felchenfilets nach Schaffhauser Art

800 g	*Felchenfilets*
1 EL	*Zitronensaft*
	Salz, Pfeffer, Streuwürze
2	*Zwiebeln in feine Streifen geschnitten*
1 EL	*Petersilie, gehackt*
3 EL	*Fett*
2 dl	*Rahm*
4	*Tomaten*
	Butter

Felchenfilets mit Salz, Pfeffer, Streuwürze und Zitronensaft würzen. Die Zwiebeln im Fett glasig braten. Petersilie und Felchenfilets beigeben. Zugedeckt auf kleinem Feuer ca. 8–10 Minuten dämpfen. Den Rahm dazugießen und kurz aufkochen lassen. In der Zwischenzeit die Tomaten halbieren und mit der Schnittfläche nach oben in eine gebutterte Gratinform legen. Salzen und pfeffern und mit Butterflöckchen bestreuen. 10 Minuten im Ofen grillieren. Die Felchenfilets anrichten und mit den Tomaten garnieren.

Schwalenfilets «Schweizersee»

Rezept aus Fischkochwettbewerb, von Günter Blum

16	*Schwalenfilets*
250 g	*Fenchel*
100 g	*Kalbsnierenfett oder Butter*
2 dl	*Rahm*
1½ dl	*Weißwein, trocken*
1 dl	*Fischfond*
1 EL	*Pernod, Worcestersauce, Zitronensaft, Pfeffer, Salz*
1	*Zwiebel*
1 EL	*Butter*
1 EL	*Mehl*

Fenchel in feine Streifen schneiden und mit der gehackten Zwiebel im Kalbsnierenfett oder in der Butter andämpfen, würzen und mit dem Weißwein und dem Fischfond ablöschen. Zugedeckt weichdämpfen. Die gewürzten Schwalenfilets auf den Fenchel legen und ca. 8 Minuten dämpfen. Fenchel und Schwalenfilets auf einer Platte anrichten und warmstellen. Mehl und Butter zu einer Kugel verarbeiten und den Fischfond damit binden. Rahm beigeben und etwas einkochen lassen. Mit Pernod, Worcestersauce und Zitronensaft abschmecken und die Fische mit der Sauce überziehen.

Felchenfilets Murat

600–800 g	*Felchenfilets*
750 g	*Kartoffeln, in Würfel geschnitten*
8	*kleine Artischockenböden (frisch oder aus der Dose)*
4	*Tomaten*
3 EL	*Mehl*
2 EL	*Petersilie, gehackt*
	Saft einer Zitrone
	Dill, Basilikum
	Salz, Pfeffer
50 g	*Butter*

Die Fischfilets quer in fingerdicke Streifen schneiden. Mit Salz und Pfeffer würzen, im Mehl wenden und in der Hälfte der Butter goldgelb braten. Die Kartoffeln in Salzwasser gar kochen. Die Tomaten halbieren, salzen, pfeffern, mit Dill und Basilikum bestreuen, mit Butterflöckchen belegen und 10 Minuten im Ofen grillieren. Die Artischockenböden erhitzen. Die Kartoffeln auf eine Platte geben und die Fischstreifen darauf verteilen. Mit den grillierten Tomaten und den Artischockenböden garnieren. Die gehackte Petersilie darüberstreuen und mit dem Zitronensaft und der restlichen, gewärmten Butter beträufeln.

Felchenfilets «Winkelried»

(für 10 Personen)

1,8 kg	*Felchenfilets (Mittelfelchen)*
	Mehlbutter aus 80 g Butter, 60 g Mehl
7 dl	*Fischfond oder Bouillon*
4 dl	*Weißwein*
3 dl	*Rahm*
1 EL	*Zwiebel, gehackt*
20 g	*Butter*
100 g	*kleine Eierschwämme (Pfifferlinge)*
	etwas Zitronensaft

[1] Kerbel, Estragon, Basilikum, Salbei, wenig Majoran, Thymian und Rosmarin

Dill, Schnittlauch, feingehackt

Eine Gratinplatte mit Butter bestreichen und mit der Gruppe [1] der feingehackten Kräuter bestreuen, die Filets ziegelartig hineinlegen. Mit dem Weißwein und dem Fischfond knapp bedecken, mit Alufolie abdecken und bei schwacher Hitze im Ofen pochieren. Die Filets herausheben und warmstellen. Die Flüssigkeit leicht einkochen lassen und mit der Mehlbutter binden. Den Zitronensaft und den Rahm beigeben, aufkochen lassen und mit Salz und Pfeffer abschmecken. Die Eierschwämme in Butter dämpfen und auf die Filets verteilen. Die Sauce darübergießen und mit gehacktem Dill und Schnittlauch überstreuen.
Nach Wunsch mit Blätterteighalbmonden dekorieren.

Aeschen gedämpft

4	*Aeschen à 250 – 300 g*
1 EL	*Zitronensaft*
2 EL	*Butter*
2 EL	*Mehl*
1 Glas	*Weißwein*
	Pfeffer, Salz, Streuwürze

Die ausgenommenen Aeschen abtrocknen, würzen und mit Zitronensaft beträufeln. Im Mehl wenden und in der zerlassenen Butter goldbraun braten. Mit dem Weißwein ablöschen und zugedeckt ca. 8–10 Minuten dämpfen.

Karpfenfilets kalt mit Mayonnaise oder Vinaigrette

Fischfilets nach bestehendem Rezept dämpfen (s. S. 20) und im Sud erkalten lassen.
Mit Mayonnaise oder Vinaigrette überziehen.
Mit Eischeiben, Cornichons, Tomaten und Radieschen garnieren.
Beigaben: Kartoffelsalat, Russischer Eiersalat, grüner Salat.

Felchen an Kräutersauce

8	*große Felchenfilets*
2	*feingehackte Zwiebeln*
3 dl	*Weißwein*
50 g	*Butter*
1 EL	*Mehl*
	Petersilie, Kerbel, Estragon, feingehackt
1 dl	*Rahm*
	Salz, Pfeffer

Die Zwiebeln in wenig Butter leicht andämpfen. Den Fisch dazugeben und mit dem Weißwein ablöschen. Würzen und während 5 Minuten neben dem Feuer ziehen lassen. Die restliche Butter mit dem Mehl zu einer Kugel verarbeiten, diese Mehlbutter zur Sauce geben und unter vorsichtigem Rühren auf kleinem Feuer alles noch 5 Minuten köcheln lassen. Dann den Rahm dazugießen und die feingehackten Kräuter darüber streuen. Abschmecken und servieren.

Marinaden

Unter Marinieren versteht man das Einlegen von Fisch oder Fleisch in eine gewürzte angesäuerte Flüssigkeit. Damit erzielt man eine dreifache Wirkung: Die Gewürze dringen bis in das Innere des Fisches oder der Fleischstücke ein, Wein, Zitronensaft oder Essig weichen die Gräten auf. Die Marinade wirkt zudem konservierend (24–48 Stunden).

Kräutermarinade

2 dl	*Weißwein*
2 dl	*Wasser*
1 dl	*Essig*
	Salz, Pfeffer
	Petersilie, Dill, Basilikum, Zwiebel

Kräuter hacken und alles gut vermischen.

Weinmarinade

4 dl	*Weißwein*
½ dl	*Zitronensaft*
1	*Zwiebel, 1 Karotte, 1 Lauch, Petersilie, Lorbeer, Salz, Pfeffer*

Gemüse grob schneiden und alles gut vermischen

Sauermilchmarinade

½ l *Sauer- oder Buttermilch*
1 *Lorbeerblatt, 1 Nelke, 6 Pfefferkörner zerdrückt, etwas Thymian und Basilikum*

Die Gewürze mit 1 dl Wasser ca. 5 Minuten kochen lassen. Auskühlen und zur Milch geben.

Saucen

In der Schweizer Küche liebt man Saucen auch zu Fisch. Neben der üblichen Sauce Hollandaise zum pochierten Fisch oder der Mayonnaise zum fritierten gibt es eine ganze Reihe anderer, die als wohlschmeckende Abwechslung die Fischküche bereichern.
Saucen haben in der klassischen Küche schon immer eine bedeutende Rolle gespielt. Die Zubereitung einer exquisiten Sauce erfordert besonders gute Kenntnisse, Liebe und Fingerspitzengefühl. Grundlage einer feinen Sauce ist und bleibt ein gepflegter Fond (Grundbrühe). Die Mehrarbeit lohnt sich für ein delikates Fischgericht ganz bestimmt.

Fischfond

ca. 1 kg	*Fischabfälle (Köpfe, Gräten)*
2 l	*Wasser*
1 Glas	*Weißwein*
1	*Mirepoix, bestehend aus einer Zwiebel, 1 Lauch, 1 Stück Sellerie, 1 Knoblauchzehe (alles grob geschnitten, leicht angeröstet)*
1 TL	*Pfefferkörner zerdrückt, 1 Lorbeerblatt, 1 Nelke, 1 Prise Thymian*

Gemüse, Fischabfälle und Wasser zum Kochen bringen. Abschäumen und die Gewürze beigeben. 30 Minuten leicht kochen lassen und passieren.

PS: Bei pochierten Fischen kann man auch den dabei entstehenden Fond für die Zubereitung der Sauce verwenden.

Weiße Grundsauce (Velouté)

2 EL	*Butter*
3 EL	*Mehl*
5 dl	*Fischfond*
	Salz, Pfeffer, Muskat

Aus Butter und Mehl eine blonde Mehlschwitze herstellen. Den Fond dazugeben und würzen. Unter zeitweisem Rühren ca. 15 Minuten kochen lassen. Die Sauce durch ein Tuch oder ein Sieb passieren.

PS: Wird der Fischfond durch Milch ersetzt, so erhält man eine Béchamel-Sauce.

Sauce Allemande (Gebundene Weiße Sauce)

½ l	*Weiße Sauce (Velouté)*
2	*Eigelb*
2 EL	*Rahm*

Rahm und Eigelb vermischen und in die warme Sauce einrühren. Nochmals erhitzen (nicht kochen) und abschmecken.

Kapernsauce

½ l	*Sauce Allemande*
1 EL	*Kapern als Einlage*

Schnittlauchsauce

½ l	*Sauce Allemande*
1 EL	*Schnittlauch als Einlage*

Estragonsauce

½ l	*Sauce Allemande*
1–2 TL	*gehackte Estragonblätter als Einlage*

Weißweinsauce

4 dl	*Weiße Sauce (Velouté)*
2 dl	*Weißwein*
2 EL	*Rahm*
2	*Eigelb*
1 EL	*Butter*
1 TL	*Zitronensaft*

Weiße Sauce und Weißwein auf ca. ⅔ einkochen lassen. Eigelb und Rahm verrühren und unter die etwas abgekühlte Sauce mischen. Die Sauce nochmals erhitzen (nicht kochen lassen). Mit Butter und Zitronensaft abschmecken.

Weiße Zwiebelsauce (Soubise)

4 dl	*Béchamel-Sauce (s. S. 117)*
50 g	*Butter*
200 g	*Zwiebeln*
½ dl	*Rahm*
	Salz, Pfeffer, Streuwürze

Grobgehackte Zwiebeln blanchieren, abschütten und in Butter weichdämpfen. Béchamel beigeben und ca. 15 Minuten kochen lassen, Rahm beifügen. Sauce passieren und abschmecken.

Sauce Mornay (Gratinsauce)

4 dl	*Béchamelsauce (s. S. 117)*
40 g	*geriebener Käse (Sbrinz, Greyerzer)*
1 EL	*Butter, Cayennepfeffer*

Den geriebenen Käse in die heiße Béchamel geben. Mit Butter und einem Stäubchen Cayenne abrunden.

Sauce Hollandaise

4 EL	*Essig*
6	*Pfefferkörner*
3	*Schalotten oder 1 Zwiebel, gehackt*
2 EL	*Petersilie, gehackt*
3 EL	*Wasser*
3	*Eigelb*
150 g	*Butter*
1 EL	*Zitronensaft, Salz, Pfeffer, Cayennepfeffer*

Essig, zerdrückte Pfefferkörner, Schalotten und Petersilie bis auf ⅓ einkochen lassen und passieren. Flüssigkeit in Pfanne zurückgeben (Chromstahl oder Email).
Kaltes Wasser und Eigelb beigeben. Pfanne ins Wasserbad stellen und die fast flüssige Butter unter fleißigem Rühren dazugeben.
Würzen und in nicht zu heißem Wasserbad warmstellen.

PS: Eine geronnene Hollandaise kann mit 2–3 EL Eiswasser wieder aufmontiert werden.

Sauce Béarnaise

Gleiche Zubereitung wie Hollandaise, aber statt gewöhnlichem Essig verwendet man Estragonessig, statt Petersilie Estragonblätter.

Sauce Piccalilli

Hollandaise oder Weißweinsauce mit gehackten Senffrüchten (Mostarda).

Sauce Vinaigrette

1 EL	*Petersilie, gehackt*
1 EL	*Kerbel, gehackt*
1 EL	*Cornichons, gehackt*
1 TL	*Kapern, gehackt*
1 TL	*Streuwürze*
1 Prise	*Pfeffer*
1 EL	*Zwiebeln, gehackt*
1 dl	*Essig*
1 dl	*Öl*

Alle Zutaten gut miteinander vermischen.

Sauce Ravigote

Sauce Vinaigrette und 1 hartgekochtes Ei, gehackt, 1 Tomate, geschält, in kleine Würfel geschnitten.

Alles gut vermischen.

Mayonnaisen

Die klassische Mayonnaise

1	*Eigelb*
1 TL	*Senf*
1 TL	*Streuwürze*
1 EL	*Zitronensaft*
2 dl	*Öl*

Eigelb mit Gewürz und Zitronensaft gut verrühren. Öl zuerst tropfenweise, später «im Faden» beigeben. Nach Bedarf mit warmen Wasser oder Bouillon verdünnen.

PS: Alle Zutaten müssen Zimmertemperatur haben, sonst gerinnt die Mayonnaise.

Ableitungen:

Englische Sauce
Mayonnaise mit englischem Senf.

Bagration
Mayonnaise mit Sardellenpüree und Kaviar.

Chantilly-Sauce
Mayonnaise mit geschlagenem Rahm.

Genueser Sauce
Mayonnaise mit gehackten Pinienkernen, Pistazien, Petersilie, Kerbel, Schnittlauch und Estragon.

Grüne Sauce
Mayonnaise mit blanchierten und gehackten Kräutern und Gemüsen, wie Spinat, Brunnenkresse, Petersilie, Kerbel und Estragon.

Remoulade
Mayonnaise mit gehackten Sardellen, Cornichons, Kapern.

Tartar
Mayonnaise mit gehackten Eiern, Cornichons, Kapern, Petersilie und Zwiebeln.

Currymayonnaise
Mit Curry und Schlagrahm.

Dillmayonnaise
Mit Joghurt, Dill und Pfeffer.

Schwedische Mayonnaise
Mit saurem Apfelmus und geriebenem Meerrettich.

Gloucester-Sauce
Mayonnaise mit Zitronensaft, saurem Rahm, gehacktem Fenchel und Worcestersauce.

Buttermischungen

Damit sich alle Zutaten gut vermischen lassen, sollte die Butter stets Zimmertemperatur haben. Bei Zutaten, die sich schlecht mit der Butter vermischen lassen, z. B. Fleischextrakt, empfiehlt sich die Zugabe von etwas Mehl (ca. ½ Teelöffel).
Wenn alle Zutaten gut vermischt sind, gibt man sie auf ein Stück Alufolie und rollt sie ein. Im Kühlschrank fest werden lassen. In 5–7 mm dicke Rondellen schneiden und auf den angerichteten Fisch legen.

Basilikumbutter

100 g *Butter*
1 EL *Basilikum, gehackt*
Salz, Pfeffer, Zitronensaft

Dillbutter

100 g *Butter*
1 EL *Dill, gehackt*
Salz, Pfeffer, Streuwürze

Colbertbutter

100 g *Butter*
1 EL *Fleischextrakt (Liebig)*
1 TL *Estragon, gehackt*
1 EL *Petersilie, gehackt*
Zitronensaft
Salz, Pfeffer

Senfbutter

100 g	*Butter*
1–2 EL	*Senf*
	Salz, Pfeffer, Worcestersauce

Kräuterbutter

100 g	*Butter*
2 EL	*Kräuter, gehackt*
	Schnittlauch, Petersilie, Basilikum, Kerbel, Pfefferminz
	Salz, Pfeffer, Zitronensaft

Estragonbutter

100 g	*Butter*
1–2 EL	*Estragon, gehackt*
1 EL	*Schalotten, gehackt*
	Salz, Pfeffer, Zitronensaft

Sardellenbutter

100 g	*Butter*
6	*Sardellenfilets, fein gehackt*
½	*Knoblauchzehe, fein gehackt*
	Salz, Pfeffer, Zitronensaft

Mehlbutter

Gleichviel Butter und Mehl miteinander verkneten. Zum Binden von Saucen und Suppen.

Café de Paris-Butter

Eine individuell zusammengesetzte Kräuterbutter. So z. B. Schalotten, Knoblauch, Schnittlauch, Petersilie, Majoran, Dill, Thymian, Estragon, Rosmarin und Kapern.

Gewürze:

Salz, Pfeffer, Paprika, Curry, Cayenne, Ketch-up, Worcestersauce, Sardellen, Cognac, Zitronensaft, geriebene Zitronen- und Orangenrinde.

Berufsfischer – heute

M. St. Die meisten Leute sehen wohl im Berufsfischer einen Mann, der in einem unserer Seen soviel Fische wie möglich fängt und sie verkauft, damit sie in Spezialgeschäften, auf Märkten und in Gaststätten angeboten werden können. Daß die Berufsfischer heute Sorgen haben, weil in mit Abwasser belasteten Seen die begehrten Egli und Hechte seltener und die Weißfische häufiger werden, ist weitherum bekannt. In den vergangenen Jahren wurde allerdings durch umfassende und kostspielige Gewässerschutzmaßnahmen viel für die Wassergüte in unseren Seen getan. (Beispiel: Zürichsee.)

Die Meinung aber, der Berufsfischer habe freie Hand, könne einfach Fische fangen, wie es ihm beliebt, entspricht nicht den Tatsachen. Wenn der Inhaber des Fischereirechtes in einem unserer Seen – meist ist dies ein Kanton – einem Berufsfischer eine Fangberechtigung abgibt, sind immer strenge Vorschriften damit verbunden. Sie sind nicht überall in der Schweiz gleich. Für den Fang bestimmter Fischarten werden spezielle Netzdimensionen vorgeschrieben – Netzfläche, Stärke der einzelnen Netzfäden, Größe der Netzmaschen sind festgelegt. Zudem wird noch unterschieden zwischen sogenannten Schwebnetzen, die in einer bestimmten Seetiefe schwebend ausgelegt, und Grundnetzen, die am Seegrund verlegt werden. Die Maschen der Netze müssen eine bestimmte Mindestweite haben, damit nicht zu junge (kleine) Fische gefangen werden. Denn grundsätzlich sollen von Berufs- (und auch Sport-)Fischern die Fische erst gefangen werden, wenn sie die Geschlechtsreife erreicht haben. So wird sichergestellt, daß am eigentlichen «Fischkapital» keine Übernutzung stattfindet und der Fischbestand der Seen nicht eines Tages erschöpft ist.

Synonyme von Fischnamen in schweizerischen Seen (I)

Seen	Artenbezeichnung							
	Brachsmen	Großfelchen (Renken)	Kleinfelchen (Renken)	Egli/ Flußbarsch	Seesaibling	Rotauge (Plötze)	Rotfeder	Trüsche (Rutte)
Brienzersee	Breitelen	Felchen/Albock	Brienzling	Egli	Rötel			
Thunersee	Breitelen	Felchen/Albock/ Balchen	Brienzling/ Kropfer	Egli	Rötel			
Bielersee	Blagge	Felchen/palée Pfärit*	bondelle	Egli		Winger		
Zürichsee	Brachsme	Blalig/Felchen	Albeli	Relig**	Seesaibling/ Rötel	Schwalen		
Walensee		Blalig/Felchen	Albeli	Egli/Barsch	Rötel/ Seesaibling	Schwalen		
Zugersee		Ballen/Felchen		Egli	Zuger-Röteli	Hasel		Trische
Aegerisee		Ballen/Felchen		Egli		Hasel		Trische
Vierwaldstättersee		Felchen/ Balchen/ Mundart Ballen/ Edelfisch/ Blaufelchen	Albeli/ Kleinfelchen/ Silberfelchen/ Mundart Weißfisch	Egli	Rötel/ Seesaibling	Hasel		Trische
Sempachersee		Felchen/ Balchen/ Ballen		Egli	Rötel/ Seesaibling	Rotauge/ Hasel/ Rötel***		

Synonyme von Fischnamen in schweizerischen Seen (II)

Seen	Artenbezeichnung							
Lungernsee		Balchen/ Felchen		Egli				Trüsche
Sarnersee		Balchen/ Felchen		Egli		Rotauge		Trüsche
Bodensee (Ober- und Untersee)	Brachsme	Blaufelchen/ Gangfische/ Sand-, Weiß-, Silberfelchen/ Kelche		Kretzer/ Egli/Barsch		Weißfisch/ Förne/Rost/ Schwal		
Alpnachersee		Balchen/ Felchen	Albeli	Egli		Rotauge		Trüsche
Genfersee	brême	féra		perche	omble chevalier	gardon/ vengeron	Rotengle	lotte
Neuenburgersee	cormontant	palée	bondelle	perche		vengeron		

* Hier weiß man nicht, ob Klein- oder Großfelchen; ** nur für große Egli; *** Rötel nur am Baldeggersee.

Die Rechte der Berufsfischer sind also im Interesse der Allgemeinheit durchaus nicht unbeschränkt. Er hat aber auch Pflichten im Allgemeininteresse, die man noch weniger kennt. Die Laichfischfänger werden z.B. in den meisten Seen ausschließlich von Berufsfischern unter der Leitung der kantonalen Aufsichtsorgane ausgeführt. Man fängt dabei fortpflanzungsbereite (geschlechtsreife) Fische, aus deren Eiern und Milch (Fachausdruck für Spermien) in Fischzuchtanlagen Jungfische erbrütet und aufgezogen werden. Später werden diese in den verschiedenen Fischgewässern ausgesetzt. Diese Maßnahme wurde u.a. deshalb nötig, weil die Laichgebiete der Fische an den Ufern vielerorts zerstört sind. In vielen Kantonen werden die Berufsfischer für diese Laichfischfänge nicht entschädigt – sie gelten als Pflicht, die das Recht zur Nutzung des Fischbestandes während der übrigen Zeit teilweise abgilt.
Die Laichfänge und die Aufzucht von Fischnachwuchs liegen natürlich auch im Interesse des Berufsfischers, denn seine Existenzgrundlage ist selbstverständlich der Fischbestand – von ihm ist er weitgehend abhängig. In den meisten Schweizer Seen ist diese Existenzgrundlage noch vorhanden. Aber wie in allen von der Natur abhängigen Berufen wechseln auch bei der Berufsfischerei gute und schlechte Jahre sich ab. Der Verdienst auch des Netzfischers hängt zudem schließlich noch von seiner eigenen Aktivität ab. Es gibt heute Familienbetriebe, welche die Fische noch weiter verarbeiten und z.B. vakuumverpackt an die Kundschaft abgeben. Auch gewinnt das Räuchern von Edelfischen (Forellen, Felchen) immer mehr an Bedeutung. Erfreulich sind außerdem die Bemühungen vieler Berufsfischer (die Sportfischer helfen dabei mit), die Weißfische bekannter zu machen. Weißfische finden die Berufsfischer heutzutage häufig als «Beigabe» in den Netzen, die sie für die wirtschaftlich begehrten Fischarten ausgelegt haben. Leider ist

noch viel zu wenig bekannt, daß auch Weißfische ausgezeichnet schmecken und daß man ihre – zugegebenermaßen reichlichen – Gräten nicht zu fürchten braucht, wenn man die Weißfische richtig vor- und zubereitet.
Ohne eine zielgerichtete Bewirtschaftung kann ein ausgewogener Fischbestand in unseren Seen heute nicht mehr erhalten werden. Daher müssen die Berufsfischer auch weiterhin ihre Tätigkeit ausüben können. Es geht also nicht etwa nur um die Interessen der Fischer, wenn man von der Allgemeinheit Rücksicht auf die Fischer fordert. Unsere Seen sind eigentliche Erholungszentren geworden. Hafenanlagen, Strandwege, Zerstörung seichter Uferzonen etc. sind für den Fischbestand nicht zuträglich. Auch während der Sommermonate müssen die Fischer an Werktagen ihre Netze abends gefahrlos auslegen und am folgenden Morgen wieder einholen können. Das ist leider schon jetzt nicht mehr immer möglich.
Die heutige Lage der Berufsfischer gehört zu den augenfälligen Beispielen, die unzweideutig beweisen, wie nötig auch im rein praktischen Sinn der Schutz unserer Gewässer und unserer Umwelt ist.

Register

T

W

Z